華道家元四十五世
池坊専永　新風体総論

平成二十六年度　旧七夕会池坊全国華道展　京都髙島屋会場超大作「移りゆく季(とき)」

花材：梅、柿、いちょう、なぎいかだ

移りゆく季(とき)

深まる秋 梅は黙って準備をしている

寒さをこらえて 花を咲かせるために

どこかに 銀杏(いちょう)の大木があるのだろう

こがね色の葉が梅の枝に降りかかっている

まだ色のない梅の枝へ

"次は あなたの番ですよ"と

こがね色に輝く 季節のバトンを手渡すように

まもなく冬がやってくる

(平成二十六年度 旧七夕会池坊全国華道展 京都高島屋会場超大作に寄せる言葉より)

この作品に、咲いた花はありません。

花は無くとも、植物の面白さ、季節の移りが表現できないか……

その思いでこの超大作に臨みました。

梅の木に降り積もった銀杏の葉は、近くに銀杏の大木があることを感じさせ、

強く風が吹いたであろうことも想像させます。

また、銀杏の葉は均一に梅へと積もるのではなく、片方に吹き寄せられたことで、

その部分に明るさが感じられ、作品全体に陰陽が生まれます。

梅の枝は、その明るさを受けて、翌春への開花へと力を蓄えていきます。

このようなドラマチックな情景がそこかしこにあることに、

われわれはなかなか気付きません。

感動を一瓶に。

作品の背後にある情感を、作者と見る者が共有することで、

池坊いけばなの魅力は次の世代へと受け継がれていきます。

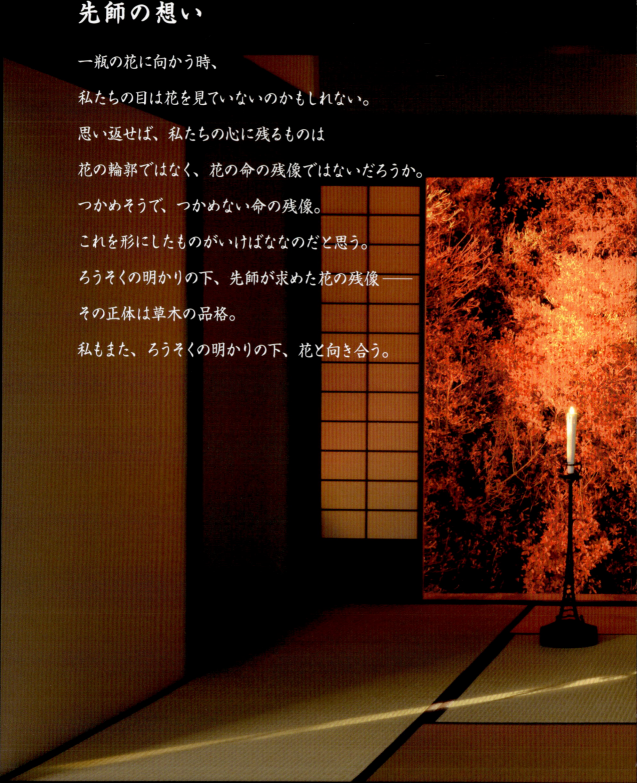

先師の想い

一瓶の花に向かう時、

私たちの目は花を見ていないのかもしれない。

思い返せば、私たちの心に残るものは

花の輪郭ではなく、花の命の残像ではないだろうか。

つかめそうで、つかめない命の残像。

これを形にしたものがいけばなゝのだと思う。

ろうそくの明かりの下、先師が求めた花の残像——

その正体は草木の品格。

私もまた、ろうそくの明かりの下、花と向き合う。

はじめに

華道家元四十五世　池坊専永

　生花新風体を発表して38年がたちました。

　また、立花新風体の発表からは16年がたちました。

　共に、今日的な時代背景に即した花形として広く受け入れられ、今では花展会場で多くの作品を見ることができます。

　生花新風体が世に出たとき、すぐには理解されませんでした。長い歴史を持ち、伝統ある花形を学んできた人は特にそうだったのでしょう。

　しかし、私は作品を発表し続けました。言葉で多くを説明するより、作品が理解されなくてはならないからです。いけた姿が何をいわんとしているのかが聞こえるような作品でなくてはなりません。私がよくいう「作品の背後にあるもの」を意識する感覚は、こうした中から生まれたものともいえます。

　11歳で家元を継ぐことになり、比叡山での厳しい修行時代、山を走りながらわが目を楽しませてくれたのは、自然の移りと草木の美しさでした。

　日々の変化が少ない修行の毎日でも、季節は移り、枯れ木は葉を付け、蕾は花を咲かせていくことに気付いた私は、自然の声を聞くことが楽しみとなりました。

　自然界では、虫に食われたり、風雨にさらされ破れてしまったりする花や葉が多々見られます。それでも花を咲かせることをやめず、葉を広げることをやめずに堂々と姿を見せる草花に、何度励まされ、力を授けてもらったことでしょう。

　また、生命の持つ美しさに感動した日々を今も忘れません。

　この修行時代に得られた感動は、生花、立花の修練を深めるにつれ、ますます大きくなっていきました。それは先師の教えや伝書を学ぶにつけ、草木のあ

るべき姿を表現するにあたり、理にかなった構成が、皆すでに室町時代や江戸時代から考えられていたからです。

　しかし、生花や立花の持つ「格」の上に、さらに草木の魅力を表現できないものかとも考えました。それは、現代の風潮に合う花でなくてはなりません。以来、現代生花、現代立華などさまざまに模索してきましたが、むしろ伝統ある生花や立花の「格」を保つためには、新しい作風が必要であったのです。

　世の中の変化は早く、新しいものもすぐに古くなってしまいます。その中にあって池坊いけばなは、とても長く親しまれてきました。それはなぜでしょうか。理由は、伝統に培われた品格ある姿、様式美もさることながら、生命に向き合う精神性が受け継がれてきたからに他なりません。この精神を大切にしつつ、花で何を伝えるべきかを考えたとき、新風体の目指す先が見えてきました。

　現在、生花、立花ともに広く新風体が普及していますが、新風体は常に進化し続けています。なぜなら、いけばなは「生活に根差した文化」だからです。生活環境や時流が変化すれば、それに応じて花も千変万化しなくてはなりません。特に新風体は、過去にとどまっていては、新風体とはいえないのです。私の花も、発表当時のものとは変わってきています。まだまだ私の中でも表現の追求は続いているのです。

　本書では、総論として新風体の目指すところを述べ、それぞれの基本事項を再確認しています。これを踏まえ、後半に掲載した私の新たな作品と、近年の作品により、生花新風体、立花新風体の「今」、そして「未来」を感じ取っていただきたいと思います。

華道家元四十五世
池坊専永 新風体総論

目次

- 2 平成二十六年度　旧七夕会池坊全国華道展
京都髙島屋会場超大作
「移りゆく季(とき)」

- 6 平成二十五年度　旧七夕会池坊全国華道展
京都髙島屋会場超大作
「先師の想い」

- 8 はじめに

11 新風体叙説

- 12 池坊いけばなの持つ伝統的な美感
- 15 新風体で表現されるもの
- 17 新風体における生命感の表出
- 20 形のないもの、目に見えないもの
- 24 草木の持つ「はずみ」と「きわ」
- 27 草木の生きている実証(あかし)
- 29 新風体に想う

31 作品と解説　生花新風体

56 生花新風体概論

63 作品と解説　立花新風体

88 立花新風体概論

新風体叙説

池坊いけばなの持つ伝統的な美感

　いけばなで表現されるものは多様です。

　作品を制作するにあたっては、植物との出合いに始まり、取り合わせを考え、いけ表したいものを明確にし、そしてそれに一番合った花形の選択を行います。

　自由花、生花正風体、立花正風体、生花新風体、立花新風体のいずれがよいかは、表現したい内容で決まるといえるでしょう。

　花に向かう前から花形を決めて自分に制限を設ける必要はありません。しかし、花形を自在に選ぶためにも、それぞれの正風体、新風体、そして自由花をよく稽古しておく必要があります。

　ここで、池坊いけばな全体に通じる伝統的な美感について触れておきます。どの花形であっても、この美感の上に表現されるものであることを心得ておいてください。

　室町時代に池坊専応が伝えた『大巻』は、花の理論として優れているだけでなく、その序文に記された精神性が今日にも通用する普遍的な美感に基づくものであり、池坊の最も重要な伝書として大切に伝えられています。

　その『大巻』序文の冒頭を見てみましょう。

瓶に花をさす事。古より有とは聞つれど。夫は美花をのみ賞して草木の風興をも弁えず。只さし生たる斗りなり。此一流は。野山水辺におのつからおふる姿を。居上に顕わし。花葉を餝り。宜しき面影を本とし。先祖指始しより。此かた一道世に弘りて。都鄙の賞となれるなり。

ここに大事なキーワードが三つ出てきます。

・「草木の風興」

・「おのつからおふる姿」

・「宜しき面影」

　幾度となく、さまざまに解説されてきたこれらの言葉こそ、池坊いけばなすべてにおいて思惟されるものです。

　専応はまず、従来の花は美花のみを賞して、草木の風興をわきまえていないと指摘しています。

すなわち、美しく咲く花以外の草木の枝葉にも興味深い表情があり、それもまた、季節の移り、風情を感じるものであるということです。

　花を咲かせる前の蕾、枯れ枝、苔むした幹、これらすべてが自然のありようであり、命を見つめていく上で無視できない植物の姿なのです。この不変真如(ふへんしんにょ)の「まこと」を受け入れ、表出する心がなければ、花の命を扱うことはできません。

　また専応は「此一流」としながら、池坊の花は、野山水辺におのずから生(お)うる草木の姿を表すものであり、また草木のよろしき面影を根幹としていると述べています。

　自然の中に育つ植物の出生、陰陽を見極め、草木から得られる感情を素直に捉え、作為的ではないことを池坊いけばなの基本としているのです。

写真は『大巻』(『池坊専応口伝』)天文6年(1537)相伝本

新風体で表現されるもの

　「草木の風興」をわきまえる心と、野山水辺の「おのつからおふる姿」、草木の「宜しき面影」という形、この伝統的美感をもととしつつ、新風体は新しい花材、新しい環境に対応しなければなりません。

　そこでまず、生花新風体は次の三つの特色を表現の要としています。

- 明るさ …… 未来の可能性を宿し、明日に望む生命の映発する輝き

- 鋭さ ……… 花材の個々の生命感によって生じる緊迫感、場所との緊密な適応による機能的な形が見せる鋭さ

- 際立ち …… カラフルで無機物的な材質に囲まれた環境の中で、清浄で、艶やかな生命体が示す際立ち

さらに、立花新風体では次の要素も特色としています。

- 暢(の)びやか … 草木の暢びやかな生命を思う心が、自分自身をも、のびやかにする。花・人合一の暢びやかさ

- 艶やか …… 生命力が肌に現れると艶となる。艶やかさは、生命力のバロメーターである。いま、いきいきと新鮮に感じる艶やかさ

いずれも、従来の自然美の捉え方とは異なり、生命の本質を見つめるまなざしを要します。

　新風体は、これら生命の本質を一瓶の上に見せることで、色や形だけでは得られない作品の背後にあるものを、ありありと感じさせるのです。

　自然への深い理解と、草木への愛情、そして優れた現代感覚の融合が、新風体作品をより高みへと導きます。

　今日では、これら新風体における植物への感覚が、それぞれの正風体や自由花へも広がり、池坊いけばなの表現はさらに深いものとなっています。

新風体における生命感の表出

　植物の出生をよく学ぶということは、従来行われてきたことであり、そのために「花は足でいけよ」ともいわれてきました。

　じかに草木が生えている場所を知り、性状を知り、花が咲いて萎(しお)れていくまでを見届けたとき、私たちはその植物をよく知った気持ちになります。

　ところが、なぜ長い枝と短い枝があるのか、なぜ枝が曲がっているのか、そう考えたとき、実は何も分かっていなかったことに気付くのです。

　「春色無高下　花枝自短長(しゅんしょくこうげなく　かしおのずからたんちょう)」という禅の語があります。

　春という季節は一木の上の方にも下の方にも平等にやって来ますが、その枝の伸び方にはおのずと長短が生まれるという意味です。

　上の方の枝には日がよく当たるでしょうし、下の方の枝は陰になるでしょう。一方、上の枝は風雨にさらされるでしょうし、下の枝はあまり影響を受けないでしょう。従って、同時に春を迎えたとしても、一本一本の枝はおのずと異なる成長を遂げているものです。この語の仏教的な意味の捉え方としては、人は等しく仏性(ぶっしょう)を備えてはいるものの、それぞれに個性があり、その発現はさまざまであるというものです。いけばなでも、この語が示すように一本の枝の伸び方に個性を感じ取りつつ、さらにその枝を取り巻いていたであろう環境にま

で思いをはせてほしいのです。

　私は以前、生花新風体発表時に刊行した作品集に、次のような文章を記しました。

　　現実の草や木は、自然の空間の中で、決められた位置と、時の流れの中に生きている。枝の屈曲の中にある生命の淀み、流れ、表情を見わける。いけばなが持つ小さな空間に、大きな自然をとり入れるためには、花をいける行いの中で、実感として時の流れを知り、小枝のもつ姿勢──いきおいに従って、いけばなが持つ空間における位置を決める。一つの力をうけて他の花枝を対応させる。そこには形のないもの、目に見えないものの影響がありありと現れる。逆に言えば、小枝の屈曲と、対応する姿の中に、限りなく、広くはるかな自然が捉えられるのである。

　　　　　　　　　『池坊専永挿花集　生花新風体　第一集』より

「花をいける行いの中で、実感として時の流れを知る」ということは、まさしく用いる草木がどのような成長を遂げてきたかを知ることです。
　その上で小枝の持つ姿勢を定め、それに対応する花枝を入れることで、表したい生命の力とその命を支えてきた環境をも、「形のないもの、目に見えないものの影響」として表出するのです。

形のないもの、目に見えないもの

　「形のないもの、目に見えないもの」とは、なかなか分かりにくいものですが、ここで一つの例を挙げましょう。
　「古池や蛙飛びこむ水の音」という芭蕉の有名な句があります。何のことはない、ただ、カエルが池に飛び込んだというだけの内容です。
　しかし、この俳句の素晴らしい点は、短い五・七・五の17音を定型とする中に、無限の情景を感じさせてくれるところです。
　池は大きいのだろうか、小さいのだろうか。カエルは頭から飛び込んだのだろうか、足から飛び込んだのだろうか。雨が降っていたのだろうか、晴れていたのだろうか……。明らかなのは季語「蛙」による春という季節だけです。それでも、この句には詠まれていないことが、次々と脳裏に浮かんできます。
　定型（有限）の中に無限の情景を感じさせることは、いけばなも同様です。花器の上という限られた空間に、無限の景色が展開されます。また、少ない語句で、多くの想像を喚起させるところは、『大巻』序文に、
　「只小水尺樹を以て。江山数程の勝概を顕し。暫時頃刻の間に。千変万化の佳興を催す」
　とあるように、少ない水と短い木々によって、大河や山のような大きな景色

を見せ、わずかな時間のうちに季節の移りとその変化を表現するという感覚に通じます。

　つまり、専応がいけばなの理論をまとめ、花を瓶に挿すことを「道」へと昇華させたときより、すでに目に見えないものを眼前に見せる意識はあったということです。新風体だけが特に、見えないものを表現しようとしているのではありません。

　専応以降に整備された立花は、役枝の中に願いを込め、大自然の情景や枝葉の取り合わせにより喚起される情感……人生の節目を寿ぐ気持ちなどを表現の中心としました。

　また、生花は型の中に草木のあるべき姿、理想の姿を映し、床の間の花として客人をもてなす姿勢などを示しました。

　どちらも情景や情感、もてなしの心という目に見えないものを表現してきたのです。

　では、新風体で見せたい「形のないもの、目に見えないもの」とは何なのでしょう。それは、以前刊行された『テキスト 池坊 生花―新風体』『テキスト 池坊 立花―新風体』の冒頭で触れています。

私は、つねづね**形のうえに現れる以前の心の動きこそ、いけ花の始まりである**と考えている。この時の「心」は、現代人のもつ心でなければならないのである。また、その表現は、現代の人々に感覚される表現でなければならない。こうした点から私は、花をいける（立てる）態度を、次のようなところにおいている。

　まず、造られた美しさより、自然の美しさを、と考えている。ここにいう自然は、外界の景色としての自然ではなく「おのずから溢れ出るもの」という意味である。従って私は、素材を見つめ、新しい意義をそこに見つけ出したいと思う。素材のもつ性質、特徴は、引き出し、見つけ出すものである。

　『テキスト 池坊 生花―新風体』『テキスト 池坊 立花―新風体』より

「おのずから溢れ出る」自然、そして素材を見つめ、自らが引き出し、見つけ出した新しい意義こそ、新風体の見せたいものです。

　その新しい意義とは、おそらく10人いれば、10通りがあり、一人一人にとっても、時や場所を変えるごとに生まれるものでしょう。

　またそれが、一作ごとに得られるさまざまな発見であり、喜びとなります。

草木の持つ「はずみ」と「きわ」

　「おのずから溢れ出る」自然について、もう少し考えを深めてみましょう。これは『大巻』にある「おのつからおふる姿」の理解にもつながります。

　「はずみ」と「きわ」については、事あるごとに触れてきました。つまり、それほど大事な、池坊いけばなのすべての花形を通じ、感覚されるべき要素なのです。

　「はずみ」は、漢字で「弾み」「勢み」と書き、通常は動きに勢いがあるさまなどをいいます。はずんだ力は次の動きへとつながり、さまざまに作用してきます。もしくは、何か別の力の影響を受けてはずむ動きへとつながります。このように、一連のつながりの中から「はずみ」は生まれますが、植物の見せる姿の中にも同様の「はずみ」があることを、いける行為から知ってください。

　植物は、ただの一本で、何の影響も受けずに育つことはありません。日の光を受け、風にあらがい、雨に喜んで生育します。また、周囲の草木との関連の中で大地に根差しています。

　それは、一瓶の上にも現れる光景です。ある一つの枝を用いれば、それに呼応して次の枝を入れることでしょう。そして、次の枝はさらにその二枝に呼応させて入れます。こうして互いの枝が関連し合いながら作品が構成されていく

とき、これら一連のつながりとして、用いる植物に「はずみ」を持たせていけるのです。

　これを、先人は「縁をつなぐ」とも称しました。人もまた、いろいろな人とのつながりの中で生きています。父がいて、母がいて、自分がいる。師がいて、友がいて、今がある。このつながりの中に、「はずみ」のある、生き生きとした生活を営むことができるのです。

　「きわ」は、漢字の「際」です。ぎりぎりの部分や状態を示す語で、立花、生花では「水際」という部分があります。

　「水際」は、生花では草木が抽き出る部分、生命の「きわ」です。立花では瓶上に構成される世界と花器とをつなぐ部分で、「水際細くすぐやかに」と専応がその伝書に記したように、細くまとめて真っすぐに見えるようにする、立花鑑賞の要となります。

　しかし、ここで捉えてもらいたい「きわ」は、花をいける行為によって、植物の中にある美を損なわないぎりぎりの線としての「きわ」です。

　例えば、菊を用いようとするとき、葉が多く付いている場合は適度に葉を取り、さばく必要があります。ここに、葉を取る過程で、これ以上取ると菊の持っ

ている「らしさ」が失われてしまうかどうかという「きわ」があります。

　また、『生花七種伝』の「椿一輪生」は、葉数を3枚半まで省略した姿で、これ以上葉を増やしても減らしても、その生花としての格が保てなくなる「きわ」のたたずまいを持っています。さらに、花一輪の表情をよく観察し、自分の理想とする姿に見える一点を見いだしたとき、そこから一ミリでも動かしてしまうと、自分の描いた姿が壊れてしまう「きわ」があります。

　花に向き合っていると、他にもさまざまな「きわ」に遭遇します。花一輪を残す、残さないの選択を迫られる「きわ」。梅をより梅らしく、桃をより桃らしく見せる表現手法の「きわ」などです。

　草木の「はずみ」「きわ」をいけることは、自らの感覚を磨くものです。感覚が研ぎ澄まされれば、花と向かい合う中で不自然な姿に気付き、その部分の修正に手がおのずと動くでしょう。

草木の生きている実証(あかし)

　草木の「はずみ」「きわ」を通じ、「おのずから溢れ出る」自然を考えてきましたが、さらに草木を知るうちに感じられるようになる、「いき」「うつり」「きざし」「つや」についても述べておきましょう。

　草木が周囲の環境に応じ、「はずみ」の現れた姿が「いき」です。「いき」は「生きる」「粋」「意気」に相通じるところもあるでしょう。そして、周囲の状況に合わせて多様に対応し、形を変えること、またはその変化した姿を「うつり」といいます。太陽に向かい、上に伸びるため、大きく曲がった木を見ることがありますが、まさしくその姿です。

　「きざし」は「兆し」「萌し」のことです。草木が芽を出すこと、つまり芽生えを指す言葉でもあり、未来への展望を感じさせるものです。明日花を咲かせるかもしれない蕾、明日少し上を向くかもしれない枝先は、「今」を生きている草木の喜びに満ち溢れています。

　「つや」は、生き物すべてが内に秘めている、みずみずしい力です。精いっぱい生き、充実していれば、それは「つや」となって現れます。

　これら「いき」「うつり」「きざし」「つや」は草木の生きている実証として見て取れます。「きざし」「つや」などは、若々しい力に満ちた草木に求められ

そうですが、枯れ枝に次世代への再生の「きざし」を見いだすこともあれば、黄色く先枯れしたオクロレウカに現れた美しい「つや」に心動かされることもあります。

池坊いけばなでは、古典絵図を見ても分かるように、苔木、曝木(しゃれぼく)にも美しさを感じてきました。それは、「はずみ」「きわ」「いき」「うつり」「きざし」「つや」を見る細やかな視点によるものといえるでしょう。

われわれが花を見るとき、葉に触れるときは、それぞれ植物の部分を眺めているだけではありません。「はずみ」や「つや」を見いだし、草木の生きている実証を享受しようとしているのです。

新風体に想う

　かつて先人は、草木から得た感動を、正風体という型の上に表そうとしました。ただそれは、初めから型があるわけではありませんでした。当時の住環境、思想背景が型を求めたといってもよいでしょう。その中にあって、池坊いけばなは、花を型に当てはめようとするのではなく、時には柔軟に型の中に草木の命を表現してきたのです。生花の変化形や別伝にある教え、立花の「十九ヶ條」などはその現れです。しかし、われわれはそれらの伝に縛られ過ぎることがあります。なるほど、型の上に表現がなされるには、型を重視することもあるでしょう。一方で、型によって表現そのものが妨げられてはなりません。それは、草木の命が持つ感動を十分に引き出せないことと同じです。まずは自身に湧き立つ感情、**「形のうえに現れる以前の心の動き」**を大事にしてほしいと思います。

　とはいえ、伝統的な型の持つ美感を軽視するわけにもいきません。従って、型を超えて表出する感情をよく知ることが大切です。そうすればおのずと、正風体でいける花、新風体でいける花の見極めができるようになります。

　新風体は、変化のスピードの速い今日ならではの花です。住環境、花材事情、思想がめまぐるしく変わる現代にあっては、当意即妙、臨機応変でなくてはな

りません。定型化を生む時代ではなくなったのです。その中にあって、新風体が求められる場面は、今後ますます増えるでしょう。

　池坊いけばなの新旧を比較して、新風体が優れているというつもりはありません。「時代に合った」とだけいっておきましょう。新風体もまた、代々続いてきた池坊いけばなの一花形であり、今後未来へと継承され、次の花への礎(いしずえ)となることを願います。

　今この時、伝承と技を受け継ぎ、そして新風体により、多くの門弟と共に未来へ歩み続けられることを、真(まこと)の喜びと感じています。

作品と解説
生花
新風体

生命の燃焼

花は無くても、植物は美しさを持っています。

特に色変わりする葉は、一刻ごとのうつりが心を奪います。

散り際の強い色彩は、生命の燃焼の色のようです。

二つの枝の間を風が抜ければ、次の瞬間に葉は散ってしまうかもしれません。

この緊迫した一瞬を感じさせるのが新風体の妙です。

■赤ばなきぶし　■黒ろう梅　■ひおうぎ

異なる個性

縦に伸びる水仙の葉と、

横に広がるうらじろの葉が対照的です。

同じ太陽の光を浴び、同じ雨の恵みを受けても、

おのおのの個性は違います。

水仙はいくら頑張っても横には広がれません。

うらじろもまた、縦には葉を伸ばせません。

異なる成長の交差や個性の交わりが刺激となり、

共鳴が生まれます。

■ 水仙　■ うらじろ

たたずむ

所々傷のある葉は、その成長過程に何があったのかが想起されます。

草木はただの一本で立っているわけではなく、

周囲の環境、気候の影響を絶えず受けています。

破れること、折れることもあるでしょう。

人間ならば逆境に逃げ出すこともありますが、

草木は黙々とたたずみ、伸びようとします。

その姿から教えられることは多く、花に向かうたびに共感します。

■ニューサイラン　■えのころ草　■西洋かまつか

きざし

生命の息吹を感じる季(とき)、

それは花をいける者にとっても心躍るときです。

小豆柳の銀の産毛に包まれた花芽は、

寒さ残る中にぬくもりを感じさせます。

しなりを見せて陽光に向かうフラグミペディウムと、

その生き生きとした生命の躍動を感じさせる葉に、

水際からの圧迫感から解放されて描き出た喜びが見えます。

■ フラグミペディウム　■ 小豆柳　■ 竹

美の在り処

花をよく見てみると、その美は思わぬところに潜んでいるものです。

花が一番きれいに見える場所はと問われれば、

多くの人が花の正面と答えるでしょう。

しかし、その後ろ姿にも魅力が隠されていることを知るのも大切です。

では、それをどう引き出すか。

取り合わせる花材もよく吟味する必要があります。

主と用の関係には必然性が求められます。

■ききょう　■竹しゃが　■おみなえし

姿勢

自然の草木を見ると、倒れそうで倒れずに頑張っている姿を見ることがあります。

花屋や植物園では見られない姿です。

風で倒れそうなのか、重さで倒れそうなのかは分かりませんが、倒れれば朽ちてしまいます。

ところが、草木は「倒れれば朽ちる」などとは考えません。

ただ、無心に立っているのです。

純真無垢な姿が草木のあるべきかたちです。

新風体は形を作らず、植物のとりたい形に従います。

■ ヘリコニア
■ アカシア
■ グラジオラス

花王

ぼたんは「花王」ともいわれ、古くより尊ばれてきました。
しかし、気負って臨むとそのイメージにとらわれ、
花王らしくいけようとしてしまいます。
自分の眼で見て、
自分の感覚で草木を捉えるところに新風体は成立します。
ぼたんの気の赴くままにその花首を傾げてやり、
その先にある陽光を感じさせます。
黒猫柳は、それを導くように用いると、
植物本来の太陽へ向かう性質が見えてきます。

■ ぼたん　■ 黒猫柳

一瞬の輝き

いけばなの美しさは、長くは持ちません。
時に、崩してしまうのがもったいないと思うこともありますが、
いけたままで萎れていく姿に心を痛めるより、
しっかりと心にその美しさを留めておいた方がよいのです。
そのためにも、われわれは、伝統的美感に基づく
草木のひとときの美しさを見据える眼を持ち、
それをさらに印象的に瓶上に表出する
今日的美感による技を磨かねばなりません。
伝統的美感と今日的美感――この相反するものの融合が、
時代に応じた花を生み出します。

■ レリア
■ げっとう
■ オクロレウカ

慈愛

蓮もまた古来尊ばれ、

特に仏教思想との深い関わりが指摘されてきました。

蓮池で見る蓮は、蕾、開花、散り始め、蓮肉などの

種々の姿それぞれに趣があり、

やはりその姿のうつっていくさまが、

人に生命の儚(はかな)さを感じさせてくれるのだと実感できます。

では、他の草木からはそのような趣を感じないものでしょうか。

いえ、おそらく他の草木には、普段から情緒を感じようという視点を

欠いているだけでしょう。

どんな植物も、朽ちていきます。

その定めを知ることで、草木を等しく慈しむ感情が湧いてきます。

■ 蓮　■ オクロレウカ　■ 朝顔

潔さ

光や雨は、どの植物にも等しく降りそそぎます。

その恩恵を受けようと、草木は天を目指します。

しかし、葉の大小や形で、受ける光や雨の量は異なります。

おのおのの個性に応じた分しか恵みは受けられないのです。

そのような平等の中の不平等は、自然界にはよく見られます。

あるがままを受け入れる草木から、われわれは潔さを学ぶべきです。

植物の持つ自然な姿とは、そうした潔い姿であり、

必要以上に撓（た）めたり切ったりすることは、

すなわち、植物へ無理を強いること、

ひいては型に当てはめようとすることになります。

■ オクロレウカ　■ 縞ふとい　■ ベルてっせん

同調

葉にもさまざまな大きさ、形があります。
性状も異なりますが、
これらが自然の中で共存しているとき、
われわれはそれを一体として捉えています。
ですが、一本ずつこれらを手に取ると、
その違いにとらわれ、元のあるべき姿を忘れて
形作ろうとしてしまいます。
草木は季(とき)を同じくして、一斉に色づきます。
驚くべき同調です。
この調和を乱すことなく、
違う花材同士を取り合わせることが肝要です。

■ 玉しだ
■ 竹しゃが
■ オクロレウカ

作品の向こう

立ち伸びるものの傾きには、表情が生まれます。

そして、一枝の動きが全体の動きにつながり、

おのおのが互いに補い合い、一体としてのバランスを見せます。

この一体の中に、主、用の関係も一体化されそうなときがあります。

それは、まさに手を打ち鳴らしたとき、

左右どちらの手が鳴ったかを問う公案のようです。

生花新風体は、手法として主と用を定めますが、

それは目的ではなく、あくまでも作品を通して

その向こうに広がる光景が重要なのです。

■ しょうぶ　■ かきつばた　■ オクロレウカ

生花新風体概論

　伝統的美感の上に、生花の格を保ちつつ、新しい感覚と時代に対応するのが生花新風体です。生花新風体発表の後、花材の種類が増え、花器の形、デザインも変わりました。そこで、生花新風体の表現も、より洗練されたものへと進化し続けています。

　しかし、基本とするところは変わりません。新風体は、型を学ぶものではありませんが、その考え方、表現の特徴などを学べば、「形のないもの、目に見えないもの」の表現の一助となります。

【基本構成】

　生花新風体は、「主」と「用」の二枝によって構成され、さらにこの二枝の働きを補う「あしらい」の枝を入れて形を整えます。初期の生花では、草木の出生・出所の様子から陰と陽の二枝を設定し、構成していました。生花新風体もこの姿を原点としますが、型を決めず、感覚的な創作として無限の変化を「主」と「用」の枝に示します。

　「主」と「用」の設定は多様です。長短、明暗、強弱、大小などを総合的に捉え、印象の強い方を「主」、もう他方を「用」とします。従って、長く

伸び立つものを「主」とし、「用」を低く対照することもあれば、色鮮やかな花を低く扱って「主」とする場合もあります。

「主」と「用」の対応は草木の陰陽にとらわれることなく行われ、陽と陽、陰と陰が向き合うこともあります。

このような「主」と「用」の関係において、忘れてはならないことは、生花としての姿を保つことです。つまり、水際で一本にまとまり、地から抽(ぬき)んでる形でなくてはなりません。また、その水際は生命体としての力を秘めた緊迫感と、柔軟で強靭(きょうじん)な弾力性が感じられなくてはいけません。その上で、生命体としてのバランス、リズムを見せ、こずえには立ち伸びる力を表します。

「あしらい」には、次に挙げるような役割があります。

・「主」と「用」の姿勢を補う

　形や色彩、リズムが不十分な場合、「主」や「用」の姿勢を補い、モチーフを明確にする。

・陰陽のバランスを図る

　「主」、「用」の対応の姿勢が一方に傾いているときなどに、作品全体としての陰陽のバランスを図る。また、「主」の陰陽表裏が明らかでないときなどもあしらいで明確にする。

・コントラスト効果を高める

　「主」と「用」の間に色彩の変化が乏しいとき、あしらいによってコントラスト効果を高め、作品全体を際立てる。

・背景を暗示する

　季節、環境、風情が感じられない場合、それと分かる花材をあしらうことで作品の持つ背景を暗示させる。

【花材の取り合わせ】

「主」「用」「あしらい」の少ない枝数で構成される生花新風体にとって、その花材の選択、取り合わせいかんによっては、作品の印象が大きく変わります。新風体の特色である「明るさ」「鋭さ」「際立ち」を効果的に表現するために、次のことを念頭に置いておくのもよいでしょう。

・意外性

類似性の無い、はっとするような色や形、質感の取り合わせにより、「鋭さ」や「際立ち」が印象付けられます。予測を超えたところに、草木の命の輝きが見えるものです。また、花材そのものの持つ意外性もあります。近年の外来種や新品種の姿かたちには、素直に驚かされることもあります。しかし、ただ「珍しい」というだけでは、二度目に見たとき、その意外性は薄れているでしょう。その扱いには注意したいものです。

・対照効果

対照とは、互いの要素が際立つことです。明暗、強弱、長短の強い対比は、美的効果を発揮します。これら二つの要素は、互いの間に刺激を生み、予測し得ない草木のみずみずしさ、美しさを見せることがあります。

・**生命の実証**（あかし）

池坊が早くから大切にしてきたのは、自然のうつりと風情の中に生命の消長を知り、生命の実証を捉える心です。花材の取り合わせにおいても、類型化された自然観や素材感ではなく、草木そのものの形や色彩の中に生きている形、色、生命のきらめきなどが表されなければなりません。

千利休の朝顔の故事を思い出してみましょう。

ある日、利休の屋敷に見事な朝顔が咲いていると聞いて、ぜひに見たいという豊臣秀吉が、利休のもとを訪れました。ところが、庭には一つの朝顔もありません。秀吉は大層憤慨したといいます。聞けば前日に利休がすべて取ってしまったというではありませんか。秀吉は怒りが収まらぬまま、茶室に入りました。すると、床の間に色鮮やかな朝顔がたった一輪いけられていたのです。

秀吉ははっと目が覚めたような気持ちになり、利休を称賛したといいます。

ここには、庭に朝顔が無いという意外性があります。また、茶室に入るなり、色鮮やかな一輪の美しい朝顔との出合いという対照効果が見られます。そして、すぐに萎れてしまう朝顔からは、生命の実証も感じられるのです。

この故事は、利休のもてなしの妙として語られることが多いようですが、われわれの持つ美観からは、また違って捉えられます。

【生花新風体をいけるために】

　草木の持つ美を機縁とし、池坊いけばなは進化してきました。心が美しければ、草木もまた美しく見えます。逆に、美しい草木を見ることで、心は美しくなっていきます。自然との切磋琢磨により、人もいけばなも成長するのです。新風体はこの関係の中で、伝統と現代思潮によって感覚される美の具象化を目指すものです。そのために心得ておくことは、

- 構成上に、作者の目的とする効果がはっきりと現れているときに、はじめて新風体が成立する
- 自分の眼で感覚する
- 出合いの効果を確かめる
- 花材の動きに従って形をつくる

というものです。新風体には、新風体でこそなされる表現があります。

作者の目的が正風体で表すべきことであれば、新風体にこだわる必要はありません。

　草木に対しては、あるがままにその姿、美しさを享受することが肝要です。類型化したイメージを持ち、それにとらわれたのでは、型に草木をはめ込むことと同じになります。

　また、草木はただそれだけでは、いけばなとはなりません。花と花との出合い、花と花器との出合い、花と人との出合いがあり、作品が生まれます。互いの間に生まれる刺激や共鳴を知り、その効果を確かめることは大事な要素です。

　新風体に決められた形はありません。また形を決めるものでもありません。作品の全体像をイメージすることは大切ですが、イメージに従って花材を選んだり、形をつくったりすることは新風体の本意から離れてしまいます。草木の動きに素直に従うこと。花材を変化させることを楽しむのではなく、花材そのものが持つ変化を楽しむのです。

作品と解説
立花
新風体

潜む美しさ

二代専好の時代、つまり立花にその形や役枝の働きが定まりつつあるころ、
水仙は伸び伸びと立てられていました。
型を重視する以前の葉の扱いは、
ややもすれば洗練されていないように見えることもありますが、
そこに水仙としての純朴な気風が見られます。
自然に立つ姿にこそ、美しさは潜んでいます。

■ 水仙　■ レリア　■ オクロレウカ

つや

青々とした緑の葉は生命感に満ち溢れていても、
花の美しさの影に隠れてしまうような存在です。
しかし色変わりすると、
主役交代といわんばかりの美しさを放つことがあります。
この美しさこそが、充実した時間を経て草木が発する「つや」であり、
一方で落葉前の弱さが見せる、生命の輝きでもあります。

さるすべり　オクロレウカ
たにわたり　玉しだ　桜
山吹　黒花ろう梅　アンスリウム

力の連関

水際に凝縮された生命の力が解放されて上昇する姿は、
草木によってさまざまです。
この力がばらばらな方向に向かっていては、全体がまとまりません。
生命の力は、はずみとなって形に表れ、次々と影響していきます。
こうして生まれたすべての連関が一体感として感じられるのです。
レリアの輝き、赤芽柳の立ち伸びる姿、
クルクリゴの傾き、雪柳の跳ねる動き。
これらはすべてつながっています。

■ 雪柳　■ クルクリゴ　■ レリア　■ メリー　■ 赤芽柳

生きた実証(あかし)

生命を感じさせる色として緑色を使うことが、

いけばなの生命表現の一つとしてよく知られますが、

それは色から得られるイメージを利用したものでもあります。

時が進むにつれ、

緑色から黄色へと色変わりした葉を使うことは、

そのイメージを超え、

時間経過や生命感情という新しい意味付けがなされます。

色変わりした黄色の葉を見て、

枯れてしまった今現在の色と見るか、

今まで生きてきた実証の色として見るかでは、

そこに感じる時の長さが異なります。

- 山吹
- オクロレウカ
- 玉しだ
- とっくりやし
- グロリオサ
- アンスリウム
- ラッパ水仙

無作為

垂れる姿というのは、紛れもない自然の姿で、
その重力に逆らわない様子が魅力的です。
立花は立てる形ですが、この立ち伸びる力と、
自然な垂れ具合を調和させることが大切です。
藤棚を見たとき、人は思わず感嘆の声を漏らします。
藤は、ただひたすらに垂れているだけですが、
それが人を魅了するのです。
しかし、その姿を花器の上に移しただけでは、
感動を呼びません。
作為的でなく、見事に垂れているように
見せなければならないのです。

■藤　■木蓮　■縞ふとい　■アンスリウム　■グロリオサ

水際

「水ぎわ細く、すぐやかに」と専応が述べたように、
池坊いけばなの美の根幹がここにあります。
水際の美しさによって、作品全体の見え方が変わってきます。
水際は、文字通り水と草木の接点を指します。
生花はここから、太陽に向かって抽(ぬ)き出る姿となり、
立花は正中線を意識させながら立つ姿として構成されます。
特に立花は、水際から上部へと続く部分が不自然であってはなりません。
取って付けたような水際にならないように注意する必要があります。

■ 花しょうぶ　■ オクロレウカ
■ パイナップルリーフ
■ アンスリウム
■ グロリオサ

数すくなきは心深し

枝数多く、花材も多種用いることのできるのが立花です。

しかし、いたずらに多く使うことは作品の狙いが定まらず、

作者の意図するところがぼやけてしまいます。

花材は空間を埋めるためのものではなく、

必然性を持って用いられなくてはなりません。

伝書『生花巻』には、

「一輪にて数輪に及ぶ道理なれば。数すくなきは心深し」とありますが、

これは立花においても心に留めておくべきことで、

花材の数もさることながら、色数についても同様のことです。

■ メリー　■ 沖縄しゃが　■ ヘリコニア

対比

力強い竹しゃがと、柔らかい表情のむくげが対照的です。

陰陽の関係を生み出すものとして、

大小、硬軟、長短、強弱などの対比が考えられますが、

問題はそれで何が表現されるかということです。

陰陽の変化に生じる動きの中に、

草木が示す自らの営みを完結しようとする姿勢を

知らなければなりません。

表面的に捉えられる力の対比が目的ではなく、

草木の持つ生命の対比が作品内容を

より深めるものとなります。

- 竹しゃが
- むくげ
- オクロレウカ
- 姫あやめ
- アスティルベ

有から有

立花は、多種多様な色や形の花材を融合させることで、一瓶を成します。
絵画や彫刻は、何も無いところから作品を作る「無から有」ですが、
いけばなは、植物というこの世に存在するものから作品を生む
「有から有」であるところに特徴があります。
ここで、草木を単なる素材として扱うのであれば、
それは水際のある構築物でしかありません。
「有から有」というのは、
「命有るものから、作品の背後に有るもの」を感じさせることなのです。

- ゆり
- オクロレウカ
- あじさい
- たにわたりの木

正中線

立花新風体は、立つ姿が意識されなくてはなりません。

そこで、正中線をはっきりさせる必要がありますが、

このことにとらわれ過ぎると、型を生み出すことにもなりかねません。

まずは、多種の花材が統一感を持ち、

立花新風体が格を備えて立てられていく上で、

おのずと正真に当たるものや、

正中線をうかがわせる構成が生まれることを考えましょう。

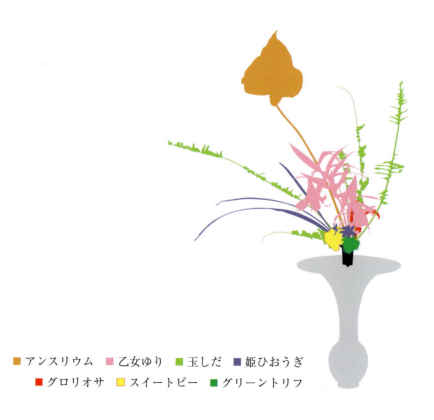

■アンスリウム　■乙女ゆり　■玉しだ　■姫ひおうぎ
■グロリオサ　■スイートピー　■グリーントリフ

個性

個性ある花材は強烈なメッセージ性があり、
作品に秘めた思いを伝えるのに一役買います。
だからといって、
個性ある花材を使うことが目的ではありません。
珍しい花材や、異形な姿の花材の使用は
意外性につながりますが、
その個性に振り回されないことが大切です。
個性の持つ力をうまくいなしたり、収めたりするには、
まずはその花材を使ってやろうというこだわりを捨て、
自己の作品表現に必要かどうかを考え直すことです。

- ■ アンスリウム
- ■ 梅
- ■ オンシディウム
- ■ ヘリコニア
- ■ グロリオサ

インスピレーション

自然の曲がりをそのまま用いるべく花に向かっていると、
時々「この花のこの姿は、こう使うしかない」という、
イメージを超えたインスピレーションを得ることがあります。
そして、在(あ)るべくして在るという形へと誘(いざな)われます。
つまり、そのように手が動くのです。
こうした体験が得られるからこそ、花を続けていけるのでしょう。
次はこのインスピレーションを一時のものではなく、
確実に自分のものにしていくだけです。

■ ストレリチア　■ アナナス
■ ニューサイラン　■ アンスリウム
■ さんごアナナス　■ 赤芽柳　■ ギガンテウム

立花新風体概論

　立花様式は、いけばなの歴史の中で初めて生まれた様式といわれており、二代専好によって大成しました。このころの立花は自由闊達(かったつ)で、自然から切り採ってきたいくつかの花材を瓶の上に構成することで、大自然の全容を示そうとする気概に溢れていました。さらに立花を構成するそれぞれの花材もまた、自然のままの姿態が捉えられ、単に個々の写生とするのではなく、そのものの背後にある情景を映し出すものでした。ところが、二代専好以後は、技の伝承と立花様式の形式化に力が注がれることとなり、その方向性は長く変わりませんでした。ただし、それは時代が求めた流れでもあったのです。

　そして今日、新しい時代において、新しい感覚の花として今一度原点に立ち返り、かつての自然へのまなざしと感覚を回復させるべく発表したものが立花新風体です。この一連の流れの中では、従来の立花の見直しも行いました。立花の伝承を継続し、今日の立花として正当な花態を保つものを立花正風体と定め、これを制作の基本とします。その上で、立花正風体で表現されるべきもの、立花新風体で表現されるべきものを理解していただきたいと思います。

【立花正風体の基本】

立花正風体の基本となるべきことは次の通りです。

・生ぶ立て、必要に応じて付き枝、付き葉で形を整える

・花形は『古今立花大全』の骨組みにならう

・正真の位置は真の1/2程度、真の除(のき)は三段除とする

・草道は残して、木方、草方をはっきりさせる

・木、草のはっきりしない花材は通用物の扱いとする

さらにこのことを踏まえ、伝書『立花初伝』では、現代に応じる立花正風体として、従来の教えで重視されてきた「草は前、木は後」の制約を解くことや、草木の上・中・下段は特定しないことなども記しています。ただし、これは目指す表現を妨げないための手立ての一つであって、好んで行われるべきものではありません。十分修練を重ねた上で、次の立花新風体の表現につながる1ステップとして捉えてください。

また『立花初伝』では、「戒心する事」として次の注意点を挙げています。

- 環境に応じて、掛ける、釣る形をとることがあっても、基本は「立てる」形の形成であることを忘れない事
- 真、正真の高さは、素材及び花器の形状、強弱、質感、色彩等による変化を妨げるものではないが、何れの場合にても、立花としての品位、格調を忘れない事

この姿勢は、立花新風体においても意識しなくてはなりません。

【基本構成】

　立花新風体には型がありません。そのため、型を持つ立花正風体を規範として、"型を知り、型を出る"という考えが必要になります。従って、立花正風体の持つ七九の道具（役枝）を考慮しながら、それぞれを長く使う、短く使う、または省略することを行います。また、複数の枝で構成したり、一つの枝で複数の働きを持たせたりすることもあります。

　用いる花材は、生ぶ立てを基本とします。また、その構造においては次に挙げる、立花の持つ伝統的な考えを共通の認識とします。

- 立花は、花材のそれぞれが所を得て共存しながら、小において大を、細において全体を、あるいは瞬間において無限を象徴し、大自然の響きを表そうとする

- 草木は伸びることによって、たえず調和を得ようとしている。その枝葉のそれぞれが持つ固有の意志を助長しながら、全体としての意志のまとまりを創り出す

- 異種の草木が持つさまざまな部分を組み合わせてみると、異質の部分は、並置されることによって刺激を生み、抵抗をおこし、あるいは共鳴する

- 異種の草木の、さまざまな気勢と形を、統一ある形にまとめるのは、陰・陽の変化の中に生じる動きの中に、草木が示す自らの営みを完結しようという姿勢である

立花新風体では、正風体の持つ役枝を考慮するとしましたが、一方で正風体の役枝のような名称や役割、目的があるわけではありません。その感覚からも離れるものなのです。そこで、メインに立てる花材を「主」と呼び、それに対応するものを「用」と呼びます。また、ここに「あしらい」が入ることもあります。立花新風体は、これらメインの花材を含む構成全体を捉え、さらに「主」、「用」、または「主」、「用」、「あしらい」の枝で多様の統一を図っていきます。

【立花新風体の形態】

　立花新風体によってさまざまに表出される感情は、おおむね次の九つの姿として捉えられます。

- 長高体 …… 品格高く、暢(の)び暢びとした優雅な立花
- 麗容体 …… 花物が多く、奥ゆかしくも華やかで優美な立花
- 神妙体 …… 神仏に捧げ、賓客を寿(ことほ)ぐ立花。
　　　　　　謹厳端正にして、真なる雰囲気
- 横溢(おういつ)体 …… 横溢する生命力を表現した、横に広がる立花
- 一色体 …… 一色表現に適した花材で、
　　　　　　一瞬の生命の充実発揮を見せる立花
- 景曲体 …… 長汀曲浦(ちょうていきょくほ)を象徴した景観、琴瑟相和(きんしつそうわ)した立花。
　　　　　　立て分け、重ね体
- 軽妙体 …… 掛け、釣りとする、洒脱で軽やかな立花。
　　　　　　立てる姿を保ち、"なびき"や"ながし"を見せる
- 微妙体 …… 小品の立花

・乱曲体 …… 広口および砂之物。
　　　　　花材の出生、形状にふさわしい変化

　注意しなければならないのは、ここに挙げた「立花新風体九体」は、型やテーマではないということです。「今日は麗容体を立てよう」などと考えることは、すでに自分の表現に型を設けてしまっていることになります。これでは、草木を素直に見ることはできません。同様に、立花新風体を立てる前にデッサンをすることは構いませんが、そのデッサンにとらわれて花に向かえば、そこで新風体は意味を持たなくなってしまいます。自分の眼で見つけ出した「おのずから溢れ出るもの」を瓶上に見せてください。

【立花新風体を立てるために】

　立花新風体、生花新風体は、池坊いけばなの持つ伝統的美観をもととし、自分で感覚される草木の姿を型にはめず、自然に構成することで作品の背後にあるものをも表現する花です。では、この両者の違いは何なのでしょう。立花、生花はそれぞれ「立てる」と「いける」といい、「立てる」

は草木が空に向かって立つ姿を、「いける」は草木が自然の中で生きる姿を見せます。少しの違いのようですが、正風体においては、立花は大自然の様相を見る視点であり、生花は草木の性状を見る視点となります。この点を考えてみると、立花新風体と生花新風体の違いが見えてくるのではないでしょうか。単に用いる花材の量が違うだけではないことが理解できると思います。

　また、立花新風体は立てる姿です。その姿を確かなものとするためには、水際に生命の凝縮と発散を感じさせ、正中線を感じさせるものとして正真を意識しなければなりません。

　立花新風体を立てるには、自由花、生花正風体、立花正風体、そして生花新風体をよく修練してください。そうすれば、おのずと立花新風体で表現すべき世界が見えてきます。

　自然の持つ美は、そのままでは鮮明ではなくぼやけたものです。新風体はそれを明晰にし、背後にあるものをはっきりさせねばなりません。

池坊 専永
（いけのぼう せんえい）

昭和8年（1933）、京都市に生まれる。父の急逝で幼くして華道家元四十五世を継承。その後、比叡山で厳しい修行を重ね、紫雲山頂法寺（六角堂）住職に就任。同志社大学卒業。

いけばなの伝統・心を守り伝えながら、従来の形式にとらわれない「生花新風体」「立花新風体」を確立。新しい花の世界を提案した。いけばなを通じた国際交流にも積極的に取り組み、国内外で広くいけばなの指導・普及に努める。平成18年（2006）には文化普及の功労により、いけばな界では初となる旭日中綬章を受章。

　いけばなの美しさは、ほんのひとときのものです。刹那、存在し、やがて萎れる。けれども、そのひとときの美しさは、確実に人の心に残ります。

　絵画や彫刻なら完成したものは残りますが、いけばなはその時にしか残りません。しかし、目に見えない、先生が歩んできた道は残ります。先生が歩んできた道を弟子へとつなぐ——われわれはこれを幾百年と繰り返してきました。いけばなの形や技術を伝えるだけでは、とうてい続いてこなかったし、人を魅了することもなかったでしょう。守りゆく技と、さまざまなものに目を向け、取り入れてゆく柔軟な心。一見、相反するこの二つがそろったところに、時代に応じた花がいけ上がるのだと思います。

　受け継いだ美、創り出した美、導かれ磨き上げた目に見えない心を次の世にも伝え、残していきたいと思います。

華道家元四十五世
池坊専永 新風体総論

2015年 6月12日　第1版第1刷発行
2022年 9月 5日　第1版第7刷発行

著　者　　池坊専永
発行者　　池坊雅史
発行所　　株式会社日本華道社
企画・編集　日本華道社編集部
　　　　　〒604-8134　京都市中京区烏丸三条下ル 池坊内
　　　　　TEL.075-221-2687（編集）
　　　　　TEL.075-223-0613（営業）
撮　影　　木村尚達
デザイン　Seeds of Communication
印刷・製本　図書印刷株式会社

©Sen'ei Ikenobo 2015 Printed in Japan
ISBN978-4-89088-087-4
定価はカバーに表示してあります。

乱丁・落丁本はお取り替えいたします。
本書の無断複写（コピー）は著作権法上の例外を除き禁じられています。